JN439989

내 슬픔도 먼지였다

이진영 시집

내 슬픔도
먼지였다

초판 1쇄 인쇄 • 2019년 09월 30일
지은이 • 이진영
펴낸이 • 이승훈
펴낸곳 • 해드림출판사
주 소 • 서울 영등포구 경인로82길 3-4(문래동1가 39)
센터플러스빌딩 1004호(우편07371)
전 화 • 02-2612-5552
팩 스 • 02-2688-5568
E-mail • jlee5059@hanmail.net

등록번호 • 제2013-000076
등록일자 • 2008년 9월 29일

* 책값은 표지에 있습니다
* 잘못된 책은 바꿔드립니다

ISBN 979-11-5634-359-2

④ 이진영

호 설리(雪里)
서울에서 출생하여 대학에서 국문학을 전공했으며
[창작수필] 수필 등단 [문학시대] 시로 등단했습니다.
극동방송 '참 좋은 내 친구'에서 칼럼 방송
[주간기독교]에서 신앙에세이 연재했습니다.
군포시주최 '전국전통문화 작품전' 대상 수상
대한민국장애인문학상 동화부분 최우수상
대한민국장애인문학상 시부분 우수상을 수상했습니다.

수필집 『내 안의 용연향』『나도 춤추고 싶다』『하늘에 걸린 발자국』
『종이피아노』『10초』
시집 『우주정거장 별다방』 동화집 『초록우산의 비밀』

수필과 동화, 시를 쓰고 그 시를 춤추게 하는 낭송을 하면서,
그리고 그림을 그리면서 힘든 세상 여행길 아름답게 가고 있습니다.
ljy3619@naver.com
https://blog.naver.com/ljy3619

표지화 정남 서양화가

서경대학교 경영학과 졸업
개인전 7회, 국내 외 아트페어
프랑스 마르세유 문화센터
ACAS 아시아 컨템프러리 쇼 등
국제 및 국내 미술대전 다수 수상
jjin5011@naver.com

책을 내면서

봄과 여름,
여름과 가을 그리고 겨울과 봄 사이
그 모호한 경계에 기차가 잠시 멈췄습니다.
채 떠나지 못한,
아직 다가서지 못한 계절
나는 늘 그 중간쯤
이름 없는 간이역에서 머뭇거리고 있는 것 같습니다.

기억을 채 담기도 전에 계절은 떠나는데……
서둘러 재촉하지도 않았는데,
내가 탄 기차는 다음 역을 향해 떠납니다.
그 잠시의 멈춤 속에서
내 인생 여행, 한 장의 기차표처럼 한 편의 시를 모았습니다.
그 시가 아쉬운 계절이 내게 주는 선물이었습니다.

내 삶에 가장 소중한 의미가 되어주신 하나님, 감사드립니다.
글이 되어준 풍경들 그리고 함께 했기에
정겨운 이들이 있어서 행복했습니다.

2019년 10월 수리산 자락에서

설리 이천영

시평

시 속에 시로 남고 싶은 시인

이진영 시인은 첫 시집 [우주 정거장 별 다방]에서 이런 말을 했다.

아이 적에는 아버지가 시인이나 화가였으면 했다고. 아버지의 그림과 시 속에 영원한 아이로 남고 싶어서였다.

그런데 이번 시집 [내 슬픔도 먼지였다]에서 그 소원을 이룬 것 같다. 얼마나 기쁜 일인가. 나는 그 기쁨을 '시간을 살 수 있다면' 이라는 제목의 시에서 확인했다.

책 2권을 샀다
내 책이다
대출받은 책처럼 반납 일을 걱정하지 않아도 된다
같은 페이지를 두 번 세 번 읽어도 된다
빨간 밑줄을 그어놓아도 된다

책처럼 시간을 살 수 있다면
돌려주지 않아도 되는 내 시간이 있다면
바람 숨이 어린 나무를 키우는 오월엔
두 번 세 번 살고 싶다

하얀 찔레 오글오글 피어나는 유월에
초록 연필로 밑줄을 치련다

엷은 햇살 끌어올리는
11월의 우물에선
목청 돋우어 바람의 노래를 부른다

달력 속에서 눈이 펑펑 쏟아지는
12월엔
조용히 눈감고 뒷걸음친다
머물었던 자리마다

너의 웃음이 너의 눈물이
하얀 손을 흔든다

시간을 살 수 있다면
돌려주지 않아도 되는 내 시간이 있다면
다시 한 번 너의 마음을 읽고 싶다.

'시간을 살 수 있다면' 전문

시를 쓰는 일은 내가 '나'를 만나는 일이고 '나'를 있게 하는 일이고, 내가 있었던 시간을 멈추게 하는 일이다.

내가 시 속에 있음을 확인 했을 때 믿음은 더 확고해지고 이 시대를 사는 모든 것들에 대한 고마움을 느끼게 된다.

시를 쓰면서 이런 고마움이 자라나게 함으로써 시를 읽는 사람도 함께 고마워하리라 믿는다.

이것이 시를 쓰는 행복이다.

2019년 초가을 이생진 시인

목차

1. 오월 주 한 잔 어떠리

2. 떠다닌다 물방울 되어

3. 내 슬픔도 먼지였다

4. 고독한 눈사람

5. 그리움

오월 주 한 잔 어떠리

어느새 오월이 익어
푸른 향 더 해지네
그대, 꽃잎 지는 계절의 난간에서
오월 주(酒) 한 잔 어떠리.

바람 난 봄

미쳤다
아주 미쳤다
보따리 싸서 집나간 여편네 치맛자락처럼
갈피 못 차린 봄이
산에 가슴팍으로 뛰어들었다
시뻘건 불덩이 삼키고
화인火印 꾹꾹 찍은 낯짝
하!
남사스러워라
숨어본 저녁 해 덩달아 낯붉히고
구경 나온 별도 쫘악 깔렸더라.

무죄

1.
50부 드라마가 4회 연장됐다
시청률이 높아서란다
노인들의 수명이 연장되었다
드라마는 외롭지 않은데
노인들은 외롭다.

2.
아프리카 북소리는
소식을 안고
1시간에 160km를 달려갔다
너무 멀리 가버린 북소리는
돌아오지 못했다
아이들은 글을 배우고
스마트폰 속으로 들어가 버렸다

3.

하나의 소리를 듣고
하나의 소리를 버리는
이어폰은 눈이 없다
거리에서 눈 없는 이어폰들이 뛰어가다가
서로 부딪힌다
우린 가실 새 없는 푸른 멍을 안고 산다

4.

스마트폰을 초기화 했다
기억은 있는데 기억이 없다
어제 웃던 꽃도 스마트 폰 속으로 숨어버렸다
문 두들겨도 열리지 않는 기억
가벼워진 시간들이
내일을 떠다니다 가슴으로 스며든다
다시 꽃이 피고 다시 소리가 몸 흔들다가
어제의 이름으로 저장된다.

누름돌

강가에서 건져 올린 네가
나를 따라 왔다
내 안으로 들어서 나를 누른다
떠오르는 것들을 재우고
세상과의 가로막을 만드니
속이 곯는다
늘 가슴께가 뻐근한 건
버리지 않으려는 나와
열 가지 스무 가지 뒤엉킨 생각들이
뜨겁게 투쟁 중인 것을
시간을 버리고 시간을 품는다
하나의 맛을 위해서라며.

눈 오는 날 사진 한 장

구멍 뚫린 하늘에서
휘청 헛걸음
하얀 발자국들
마구 쏟아지던 날
창문 열어놓고 사진 한 장 찍으려는데
바람이 먼저 들어와
사선의 구도를 잡는다
하늘에 얹힌 나무들
봄을 불러 펑펑 눈꽃 피우느라
분주하고
겨울 담장 넘는
비뚤비뚤 하얀 발자국
찰칵!
사진 속에 수북 쌓인다.

오월 주 한 잔 어떠리

보랏빛 바람 한 켜
하이얀 꽃향기 한 켜
달콤한 기억으로 재워
풋내 나는 오월에 담아두었는데
어느새 오월이 익어
푸른 향 더 해지네
그대, 꽃잎 지는 계절의 난간에서
오월 주酒 한 잔 어떠리.

봄

1.

거리에 나섰더니
봄이 반색한다
꽃구경 갔더니
꽃이 날 구경한다
눈썰미 없는 봄이 알아 볼 만큼
오래 살긴 했나보다.

2.

고로쇠 물을 마셨다

맑은 수액이 혈맥을

타고 오른다

내가 나무가 되었다

속눈썹에도 귓가에도

손가락 끝에도 발가락 끝에도

새순 돋는 푸른 소리 간질간질하다

내가 마신 봄만큼

나무는 아팠겠지.

상처, 바다 꽃으로 피었다

상처가 비늘이 되었다
나는 상처가 없으면 헤엄치지 못하는 물고기
상처로 솟구치고
상처로 물살을 헤쳤다
상처가 날카로운 이빨이 되어 바람을 찢는다

가마우찌 입에 밧줄을 묶어
낚시 감을 빼앗는 잔인한 어부처럼
상처와 상처 사이
진득한 기억을 모아 바다의 밥상을 차리려 한다

상처가 바다 꽃으로 피었다
나는 시간을 헤엄치며
하늘에 걸린 발자국에 노래를 달고
어부를 낚는 그물이 되리라
나는 하루와 숨바꼭질하는 해 그림자
뱃전에 내려앉은 어둠의 눈빛이다.

저녁이 숨는 시간

빛과 어둠의 경계가 지워진 시간이다
꽃밭을 지나며
꽃들이 잡고 놓지 않는 빛을 본다
흐리다
흐림은 흐림으로 세상을 채우려고 몸을 넓히고 있다
그 한 귀퉁이
겉옷 벗어버린 하루가 꽃잎에, 나무 잎에 쉴 곳을 찾는다
여인숙 장부엔 '하룻밤'이라고 적는다
저녁이 하룻밤의 투숙객을 맞고
휘어진 눈꺼풀은 숨은 저녁의 심장을 헤치고 있다
…… 깊다
…… 어둡다
어둠의 물을 마시려 반쯤 몸 구부리는
나무는.

해질 무렵

설핏한 해 저녁에 걸렸다
하루라는 날줄에 대롱대롱 매달려
어둠과 줄다리기 하고 있다
시간의 승자는 내일
기억들이 쌓아올린
시간의 탑 위로
미끄러지듯 기우는
붉은 하루.

오월엔

오월엔
아무도 눈물을 흘리지 않는다
우는 아이도
연한 꽃순 뻗은 나무처럼
순해진다
바람은
초록 물감이 듬뿍 칠해진
벌판을 쓰다듬고 지나가며
한 방울의 눈물마저
연초록 강을 지나 유월의 바다를
흐른다

오월엔

아무도 눈물을 흘리지 않는다

우는 아이도

푸른 바람 손잡고

더 짙어지는 계절로 달려간다.

옥상에서

내려다보면 세상은 늘 반짝였지
인공의 조명이
빛을 잃은 세상 언저리에서 주인공이 되었지
몰스 부호를 두드리는 소리의 파편들이
가짜 별을 찾는 동안
나는 오늘 어느 별을 귀향지로 삼아야 하는 지
어느 별의 플랫 홈에서 수십 년만의
그대 만날 약속을 위해
기억이 찍힌 한 장의 차표를 준비해야 하는지
우주로 통하는 마지막 정거장
가짜 별들이 거꾸로 숫자를 세는 동안
하늘 천정은 솟아오르고
바람은 속없는 배웅으로
나를 떠밀어 올린다.

당신 탓입니다

하늘 길에 산이 떠간다
구름사이 지나며 휘청휘청 몸 흔든다
하늘도 덩달아 몸 흔든다
어느새 꽃술 한 잔 들이켰군요

하늘 길에 산이 붉다
구름도 붉은 걸음이다
붉은 꽃비 바람에 휘날린다
어느새 취했군요

봄,
다 당신 탓입니다.

오월이 풍경이다

오월이
풍경風磬이다
하늘에 걸려
쟁강쟁강
푸른 울음 운다

여린 잎이
풍경風磬이다
푸른 바람에 걸려
사각사각
하늘을 조각낸다.

슈퍼문

더 가까이
그대 나를 만나러 왔어요
활짝 핀 달꽃
온 세상이 은빛 숨결 속에 잠겨
꿈을 수놓고 있었지요

사랑은요
기다리면
얼마만큼 기다리면
하늘 길 당겨
그대 가슴으로 환하게 찾아와요

쿵쿵
지구별 심장 뛰는 소리 들으려고
달빛이 가득 다가선 밤에.

봄입니다

좀처럼 내색 없는 산이
안으로 안으로
그리움 삭이다가
계곡 사이로
하이얀 서러움 쏟아 놓습니다

뜨거운 화심 가슴에 꽂힌 줄
알지 못함이 아니 것만
참아내려
참아내려
밤새워 앓던 산이
붉은 열꽃 피우던 날

산자락 짚어 맥脈 보던 이
깊은 한 숨 쉬며 하는 말
봄입니다.

커피가 담배를 핀다

어제 사랑했던 사람이
연기로 그린 하트처럼
허공에서 흩어지는 갈색 기억
커피가 담배를 핀다
담배가 커피를 마신다
커피에서
그 사람 냄새가 난다
담배가
그 사람 기억을 그린다.

그대 닮은 꽃

샛노란 술잔에
살가운 햇살 담습니다
누구를 위한 잔칫상인가요
허공을 젓는 바람 손길
못다 채운 빈 술잔을 들이켜고
바람 보다 더 빨리 취해
붉은 걸음으로 달려갑니다
사랑은 익지 않은 술잔
농익은 눈빛으로 휘청거리고
여름이 머무는 푸른 가슴에
그대 닮은 접시꽃이 피었습니다.

요즈음

하루 세 번 약을 먹어야 합니다
밥을 먹듯이 약을 먹고 잠시 후 또 약을 먹습니다
밥은 포만감에 또 먹지는 않는데
약은 먹어도 배가 부르지 않으니
금세 잊어버리고 또 약을 먹어버립니다
한 달 치약을 보름 만에 다 먹어버리고
의사가 약을 잘 못 처방했다고 툴툴 거립니다.

미세먼지 가득한 하루

아이는
회색 크레파스로
하늘을 그린다
바다도 그린다
푸른 생기를 잃은 세상
아이야
세상 밖으로 나가자
어디 만큼 걸어가야
하늘도 바다도
푸른빛을 찾을까
아이의
크레파스엔 푸른색이
숨어 버렸는데
아이는 회색 숨을 쉬고 있다.

그대 머무는 곳

거기가 어딥니까
그대 혼자 자리 펴고 앉아
오만가지 색색의 물감 붓 휘둘러
꽃밭 만들고
푸른 생기로 목욕하고 몸 흔드니
물러날 줄 모르는 저 욕심 탓에
두근거리는 내 가슴 언제 가라앉느냐고요
꽃향기 들여 마시고 취해
휘청거리다
이리저리 넘어져 난
푸른 멍
언제 가시냐고요

거기가 어딥니까
일 년 열두 달
그대 사는 곳
가녀린 슬픔 대신
한 송이 의지의 꽃을 피우는 곳.

떠다닌다 물방울이 되어
유채꽃 노란 더미에 기댄 바다가
푸른 하품을 하는 봄날에

떠다닌다 물방울 되어

시간을 살 수 있다면

책 2권을 샀다
내 책이다
대출받은 책처럼 반납 일을 걱정하지 않아도 된다
같은 페이지를 두 번 세 번 읽어도 된다
빨간 밑줄을 그어놓아도 된다

책처럼 시간을 살 수 있다면
돌려주지 않아도 되는 내 시간이 있다면
바람 숨이 어린 나무를 키우는 오월엔
두 번 세 번 살고 싶다

하얀 찔레 오글오글 피어나는 유월에
초록 연필로 밑줄을 치련다

엷은 햇살 끌어올리는
11월의 우물에선

목청 돋우어 바람의 노래를 부른다

달력 속에서 눈이 펑펑 쏟아지는
12월엔
조용히 눈감고 뒷걸음친다
머물었던 자리마다
너의 웃음이 너의 눈물이
하얀 손을 흔든다

시간을 살 수 있다면
돌려주지 않아도 되는 내 시간이 있다면
다시 한 번 너의 마음을 읽고 싶다.

떠다닌다 물방울이 되어

유채꽃 노란 더미에 기대 사진을 찍다가
아뜩한 현기증에 비틀거린다
서둘러 내 혈관에 바다를 꼽았다
링거 줄을 따라 몸속으로 흐르는 바다가 넘쳐
하얀 팔뚝에 네 입술을 선명하게 그려놓았다
지워지지 않는 푸른 입술 자국
파도의 한 쪽 어깨에 얹힌 작은 불빛을 본다
긴 해안선을 따르던 바다의 침묵이
일제히 소리치며 달려든다
살아 왔구나
살아있구나
살아야 한다고
어제의 슬픔을 밟고 오늘에 서 있는 내가
내일도 살아남기 위해서
공기 보다 더 가벼워진 기억을 내 안으로 끌어들인다

떠다닌다 물방울이 되어
유채꽃 노란 더미에 기댄 바다가
푸른 하품을 하는 봄날에.

줌녀(潛女)

바다를 낚았는데 바다가 간 데 없다
낚시에 걸린 어린 바다는 펄떡이다가
다시 바다로 돌아갔다
바다를 건졌다가 바다를 놓아준 여인

물었다
사진을 찍어도 되요?
뒷모습만 찍으세요
메고 가는 구덕엔 바람과 물과 돌이 가득하다
뒷모습이 저녁 해를 건졌네 그려.

놀몽놀멍봅서(천천히 보세요)

줌녀의 집에서
전복죽을 먹었다
성게 알 비빔밥도 먹었다

바다를 먹어서인지
출렁출렁
바다가 몸 흔드는 소리가 들린다

잘도 맛있수다(엄청 맛있어요)

제주바다, 검은 돌꽃으로 피다

바람이 밟고 간 자리마다 검은 돌꽃으로 피었다
향기조차 던진 채 비릿한 바다를 연거푸 마시다가
취한 듯 기절한 듯 나뒹굴다가
어둠을 베고 잠들었다

눈꺼풀에 햇살 얹은 바다가 바다로 뛰어든다
한 움큼 검은 돌꽃의 노래를 건져올린다
출렁인다 흐느낀다
검은 돌꽃의 아픔이다
희게 푸르게 붉게
검은 돌꽃의 사랑이야기다

봄 바다가 혼자 나갔다가 혼자 돌아왔다
몸 흔들며 젖은 바다를 턴다
구멍 숭숭 뚫린 가슴에
바람의 눈물로 파고드는 널 밀쳐내지 못하고

검은 돌꽃으로 피어났다
다시 뜨거운 불길 밟고
색을 품지 못한 한恨, 천년을 걸어가리라
다시 천년토록 그 바람 안고 꿈꾸리라고.

고래를 보았다

어제 밤에 고래를 보았다
먼 바다에서 휘익 스쳐지나가는 고래 아니라
내 안으로 들어와
파도소리 흔들며 헤엄쳤다

고래는 등지느러미에
제 이름을 새기고 있었다
1번 고래
사람의 사랑이었던 제돌이
그리고 더 많은
이름 표 없는 고래들까지
내 안으로 들어서 나를 흔들었다

나도 고래가 되고 싶다
대공원 좁은 수조에 갇혀
꼬리 치던 제돌이처럼

나를 가둬 둔 오늘에서 벗어나
넓은 바다로 돌아가 바다의 사랑이 되고 싶다
철없는 박수 소리대신
물빛 파도의 노래를 듣고 싶다.

고래처럼 꿈꾼다

고래는 바다에서
잠들지 않는다
고래는 바다에서 잠든다
오랜 포유류의 기억이다
반만큼 깨어 있고
밤만큼 잠들고
푸르게 솟구치는 순간에도
꿈을 꾼다

나는
잠들었다
잠들었는데 꿈을 꾸지 않았다
내 영혼의
기다림 속에는
바다를 걸어오는 고래가 있다
나도 이제 반만 잠들려 한다

반만 꿈꾸려 한다

먼 바다로 나가

바다의 사랑을 만나려 하기에.

바람을 밟는 새

새 한 마리 바다를 걸어간다
육지의 빈 그림자가 따라온다
외발로 바람을 밟는 새
등허리 솟는 시퍼런 멍
바다의 상처를 밟는다
상처는 통증을 삼키고
새는 기적을 꿈꾼다
가슴 속 파도를 재우고
물위를 걷는다
두려워하지 마라
물 위를 걷는 바람이 손짓한다.

바다의 눈물

물빛 진한 바다 등허리에 업혔다
우는 아이 달래듯이
어깨춤 넘실대는 물결 따라
눈물자국 지운 아이 먼 수평선을 본다
바다가 울면 눈물들이 하얀 모래가 된대
그 모래가 쌓여 하늘에 닿으면
눈물 닮은 별이 된대

너와 나의 눈물이

하늘가에 모래성을 쌓는지

밤이면

내 안에 바다가 별빛 안고 출렁이네.

그림자놀이

어둠에 스며드는 빛
또 하나의 세상이 펼쳐진다
어둠의 화판에 검은 손가락들이 춤춘다
펄럭이는 날갯짓
소리를 먹고 짖어대는 밤의 늑대는 푸른 이빨을 가졌다
어느덧 아이는 빛을 베고 잠들어
다리 긴 학으로 하늘을 난다
어둠이 어둠만큼의 빛을 거느리는 세상에서
홀로 춤추는 새들의 울음소리 허공을 떠다니다
아침으로 스러질 즈음
아이는 어른이 되는 거야
꿈이 그린 그림들 던져버리고
그림자놀이를 잊는 거야
망각의 빛 속에서
어른 놀이를 시작하는 거야

다시 빛과 어둠의 경계로 다가서
윗저고리 훌훌 벗어버리고 열 손가락으로
그림을 그리는 날까지
그렇게 한 세상 사는 거지 뭐.

그대가 바다였으면

다가서니
비릿한 살 내음
푸른 가슴팍 저미는
날선 바람

천길 두레박 내려도 깊은 속내
한 마리 물고기 수면을 차고 튀어 오르는 눈부심
수 천 번의 날갯짓이 달려가도 다시 멀어지는
하늘과 몸 닿은 수평선

그래도 그리워서 끼룩 끼룩 울음 삼키는
그대가 바다였으면 좋겠어.

바람의 노래

하늘이 불룩하다
만삭의 여인 비를 품었다
나무와 나무 사이 바람이 기우뚱 일어서
몸을 흔들며 노래한다
하늘에 입 맞추고 싶으면 먼저
무릎 꿇는 법을 배워야 한다는
아일랜드 록밴드 보컬 보노의 노래다
비가 내린다
하늘이 몸을 푼다
하늘에 입 맞추고 싶어
반쯤 무릎을 꿇었다
반쯤만 웃고
반쯤만 울며
기우뚱 하늘 품은 그림자가 땅으로 내리는 날엔
나무와 나무 사이에서
바람의 노래를 듣는다.

비의 계절

누구나
자신의 계절을 갖는 꿈을 꾼다
가끔 비도 주인공이 되고 싶은 때가 있다
기다리는 이에게 다가서지 못해
가슴 팍 쩍 쩍 갈라지게 만든 죄를 덮고
석 달 열흘 쯤
바람 잡고 춤추다가
소리쳐 통곡하다가
산 같은 그대 가슴 무너뜨리기도 하고

나도
나의 계절을 갖고 싶다
가슴 두드리는 푸른 울음으로
밤새워 강을 달리다가
바람 들어선 붓으로
산허리에

물빛 두르고

울음 재우는 비의 계절처럼.

비 오는 날은

비 오는 날은 흘러간 영화를 보고 싶다
한 손에 팝콘 들고 한 손에 커피 들고
축축한 눈으로 습기 가득 찬 스크린 속에 로버트 테일러를
만나고
비비안리와 안개 자욱한 런던의 워털루 다리를 걸어보고
비 오는 날은 충무로 어디쯤에서 자장면을 먹고 싶다
반쪽으로 갈라서 비벼댄 나무젓가락에 걸친 한 끼 삶의 무
게가 출렁거리고 노란 단무지에 얹힌 눈물이 가버린 시간
처럼 새콤달콤하게 흐른다
3500원짜리 만복감을 가슴에 쑤셔 넣고 거리로 나서니
젖은 하루가 휘청휘청 몸 흔들며 따라온다
비 오는 날은
그림자 없는 네가 보고 싶다.

바람이 사는 집

그 섬에 가면
바람의 언덕 오른 물고기들이
물구나무서서 은빛 비늘로 펄떡이고
별이 잠긴 바다가 돌리는 풍차엔
삶의 조각들이 깃발처럼 펄럭이고

천 개의 발자국이 넘는 바람의 집
닳아버린 문지방 걸터앉은 바다가
바람 없는 풍차가 싫다고
풍덩 바다로 몸을 던지고
바람을 내몰고 전기 모터가 돌리는 풍차는
밤마다 쩌렁쩌렁 바다를 꾸짖고

그 섬에 가면
바람의 집을 찾아보고
다시 찾고 싶은 자유를 위해
시간을 돌리는 바람을 만나보십시오.

연꽃 정원

푸른 연잎 누운
물의 정원
햇살 헤치고
바람옷자락 걸어간다
어느새 솟아 올라온 붉은 꽃등
신선처럼
푸른 연잎 베고 누워
사랑스런 여인 *운이 연꽃 속에
넣어두었다는 비단 주머니 속 엽차
밤새 별빛과 달빛 이슬 촉촉이 배어들어
취기 오른 향기 한 모금 마시니
내 안에도 꽃등 환히
켜진다.

*중국 청나라의 수필가, 화가인 심복의 아내

이슬 도둑

그건
연잎의 눈물
바람이 켜는
연잎의 노래

푸른 담장 넘어
이슬을 도둑질 하다
나와 그대 위해
하로차荷露茶 끓여
가슴 한 복판에 고인
슬픔을
너울너울 춤추게 하려
붉은 꽃등 환히 켜놓으려.

점

거무죽죽 엎드려
죄인인양
숨죽인 발자국들
그래도
살아온 만큼의 흔적인데

매몰차게
지우겠다고 불길로 지졌어요
지직~~
세월 타는 냄새

지운다고
잘라낸다고
다 사라지지 않을 기억들이
비명을 지르고~

엷어진 하루가
저녁 빛에 몸 숨기듯
데인 자국들
그렁그렁 눈물 고여요

그래도
내가 안고 가던
나의 슬픈 껍데기인데
스륵스륵 검은 허물 벗는 새벽처럼
빛을 먹는 껍데기들의 마지막 춤.

네가 나에게로 온 뒤

네가 나에게로 온 뒤
내 가슴 한 복판엔
길이 생겼다
때론 오월의 바람처럼 연하게
때론 급한 바람 스치듯 사이렌 소리
때론 철없는 아이처럼
뼈마디를 흔들며
쿵쾅 쿵쾅
가슴을 가로질러 뛰어오더라
발자국 번져나간 자리마다
깊게 패인 푸른 멍
몸 흔들며
붉은 꽃을 피우더라
하루에 한 뼘씩 키가 크더라.

.

.

.

.

기척이 없는 길

너를 부른다.

오래된 우물

탕! 탕!
얼기설기 쌓아올린 가슴팍
두드린다
늘 높고 순수한 세상만을 목 타게 원했는가
연이어 맑은 물을 길어 올리려
두레박
검푸른 멍을 길어 올린다
꼭 그만큼만한 하늘을 안고
꼭 그 만큼만 퍼내어도
다시 고이는

어느새
우물의 깊은 속내를 품었는가
내 가슴 한 복판에
습윤한 기색이 아릿하게 퍼져나가니…….

3

내 슬픔도 먼지였다

얇게 부서진 삶의 조각들이 먼지가 된다
장롱 밑에 납작 엎드려 숨어 있다가
바람의 손짓에
몸을 세워 낮은 비행으로 떠다니다
햇살 눈부셔 눈썹 사이 찌푸리며
털어내도 다시 내려 앉는
내 슬픔은 먼지였다

별빛 흔드는 바람

해질녘 벌판에 나가보면
한 획 먹빛 스친 하늘과 땅 사이에
검은 물기로 번지는 눈물 강에도
숲을 벗어난 하늘이 펼쳐진다
그건 별빛 흔드는 바람이다
그건 어느 날 내 가슴으로 들어와
이미 별이 된 너의 이름이다
너는 *아카이브 별에 살며
긴 다리로
벌판의 어깨를 가로지르는 바람으로
나를 부른다
해질녘 벌판에 나가보면
또 하나의 별이 또 하나의 별을 흔든다
나는 우수수 하늘이 쏟아낸
별을 밟고 간다.

*아카이브별, 추억 속의 사람들이 사는 별,

일본 이치카와 다쿠치의 소설 '지금 만나러 갑니다' 에 나오는 별

달빛 속을 간다

안데스 산맥 깊은 마을에
전생을 기억나게 하는 나무 한 그루가 있다
나무에 꽃이 활짝 피었을 때
그 향기 속에 전생이 떠오른다는

붉은 하늘 꽃이 활짝 폈다
향기 들이킨 새 한 마리
저녁에 걸터앉아 기억을 쫀다
전생에 나는 무엇이었을까
길 잃은 사막개미
물속에 비친 자신을 사랑하다 죽은 나르시스

한 번 뿐인
향기 속 전생은 사라지고
새 한 마리
달빛 속을
제 그림자 밟고 간다.

내 슬픔도 먼지였다

얇게 부서진 삶의 조각들이 먼지가 된다
장롱 밑에 납작 엎드려 숨어 있다가
바람의 손짓에
몸을 세워 낮은 비행으로 떠다니다
햇살 눈부셔 눈썹 사이 찌푸리며
초미세먼지 때문에 못 살겠다고 구시렁거리기도 한다
먼지떨이를 비웃으며
먼지는 사라지는 것이 아니라
그저 자리를 옮길 뿐이라고 했다
결국 먼지는 다시 삶의 덩어리로 모아지고
다시 흩어지고를 반복하며
존재한다

털어내도
다시 내려앉는
내 슬픔도 먼지였다.

번개치다

번개
하늘이 치통 중이다
치지직~
벌레 먹은 이빨 사이
금속 침이 날카롭게 갈아 낸다

천둥
2층에서
화난 거인巨人이 뛰어 다니다 뒹굴다
폭포 울음 쏟아낸다
난 텔레비전을 끈 채
피뢰침 꽂은 이불 속에 납작 엎드려
두 손 모아 기도했다
행복 쿠폰 10장 모으기 까지
안 죽게 해주세요.

민속촌에 사는 수탉

수탉 두 마리가 한 울타리에 산다
암탉 몇 마리씩 거느리고
어깨 죽지를 으쓱거리며 빙빙 돈다
검은 털이 번득거리고 붉은 벼슬이 정자관을 쓴 양반인 듯
의젓하다
수탉 두 마리가 한 울타리에 살면 싸운다는데
그러나 사는 곳이 어디냐
보이기 위해 지은 과거의 집들 사이
수탉 두 마리가 피터지게 싸우지 않는 건
구경꾼에게 보이기 위한 몸짓임을 금세 알아차린 거다
수탉 두 마리는 동헌 마루 사또 복장의 사내처럼
하루 종일 우쭐 우쭐
보이지 않는 바람하고 논다
심심하겠다
아니, 우리가 너희를 구경하고 있어.

유리 천장

유년의 집은
벽속에 갇혔다
한쪽의 벽은 한쪽 벽의 끝을 향해
손을 내밀고 또 하나의
벽은 또 하나의 벽을 불렀다
벽과 벽들이 이어져 출구가 없는 집
아이는 하늘을 만나려
구멍을 뚫었다
구멍은 하늘을 마시고 빗물을 토해내고
구멍은 꾸역꾸역 햇볕을 불러 발효되지 못한
빵을 구었다
구멍은 가끔 바람처럼 덜컹거리며 울었다
그러나 눈물로 솟은 유리천장
별빛 하나 내려앉아 아이를 흔든다
아이는 어느새 별과 친구가 되었다.

사막에 내린 눈

사막에 눈이 내렸다
뜨거운 그대 가슴에
한 점 얼음 발자국 찍어놓으려
바람 난 눈이 모로코에서 벤을 빌려 타고
사하라 사막으로 왔다
낙타가 뚝뚝 눈물을 떨군다
긴 속눈썹 끝에 달린 눈꽃이 녹아내려
캐러멜 색 모래 산이 온통 푸른 창포 꽃밭이 되어도
바람난 눈은
낙타의 눈물로 허기를 채우고
다시 벤을 빌려 타고
모로코로 돌아가리라
37년 후에 또 만나자면서.

*사하라 사막에 37년 만에 눈이 내렸단다. 눈은 왜 사막으로 간 것일까?

10초

물오른 젊음을 지고 갈 때는
시내버스를 타고 다녔다
10 초 안에 버스에 올라
10 초 안에 출구 앞 쪽에 자리를 잡는다
삐익삐익 카드가 단발기에 부딪히는 소리를 들으며
내리는 승객들을 눈빛으로 쫓다
목적지에 다다르면 몸을 일으켜
10 초 안에 버스에서 내려 보도에 발을 딛는다
그 10 초가 나를 일으켰고
그 10 초가 나를 움직이게 했다
숨이 찼지만 나는 넘어지지 않았다
순간에 적응할 줄 알았고
그 순간에서 벗어날 줄도 알았기 때문이다
지금 나는 버스를 타지 못한다
10초 사이에 걸쳐진 젊음의 사다리가 낡았다
내 망각의 시간도 길어졌다

10초를 소유하기엔 내 눈빛도 짧아졌다
그러나 어제의 10초가
느린 풍경으로 나의 시가 되었다
10초 안에 버스는 떠났지만
나는 낡은 10초를
새로운 시간의 차표와 바꿔버렸다.

햇살 바보

차갑다고
뜨겁다고
한 번도 너의 가슴을 재 본 적이 없어
네가 먼 곳에 있을 때
너를 바라다 볼 때
너는 뜨겁지도 차갑지도 않은 노래를 부르고
그러나 다가설수록 따스함이 번지고
뜨거움이 더 해지리라는 비례 법칙을 나는 헤아리지 못했어

태양의 표면 온도를 재 본 적이 있니
6000℃
허지만 누구도 온도계를 들고 태양 곁에 가 본 적이 없어
까맣게 타들어가 이카루스의 날개로 녹아내릴까봐
네게 다가서지 못하는

내 상처 난 한 쪽 날개도 그러했어
네 가슴에 데일까
그래서 다시 날지 못할까
그저 멀리 바라다보며
그저 그 온기에 마음 기대보는
햇살 바보였어.

소리와 진동사이

전화벨을 소리와 진동으로 설정해 놓았다
난 가끔 소리를 듣지 못한다
물소리 바람소리 사람 소리 차 소리 온갖 소리들이
한꺼번에 내 귀로 달려든다
생각을 하늘 천정 끝에 올려놓고 멍하니 쳐다보느라
소리를 듣지 못한다
수많은 소리의 가름막들은 수시로 펄럭이며
소리로부터 나를 떼어 놓으려 한다
그러나
진동이 나를 깨운다
어쩌면 간절히 나를 깨우려는 소리들이 숨죽이고
빠른 까치걸음으로 다가서는 것 같다
한 걸음 한 걸음 딛을 때마다 발끝의 떨림을 모아
멈춘 공기를 두드린다
심장 먼 곳에서 부터 핏줄을 타고 심장 한 복판으로 전해진다
그도 어느 날 진동으로 내게 왔다
내가 소리의 숲에 갇혀 소리를 잃었을 때.

금요일 경마장역에서

경마장역엔
경주마의 하루가 끝났는지
검은 패딩 점퍼들이 줄을 서 있다
옷깃엔 달려가는 말 발자국 수북한데
구겨진 점퍼의 어깨들이 무겁다
경주마의 등에 가벼운 기수가 더 가벼워지기 위해 몸을 털고
말 뒷발굽이 찬 금요일 오후는 지친 저녁으로 가기 위해
다음 차를 기다린다
눈빛들이 청계산 산 너머 별빛을 따라간다

다음 정류장은 희망입니다.

나무의 말

느린 햇살이 굼틀 굼틀 기어간다
거친 바람손이 그림자를 휘어잡는다
구렁이다
푸른 팔을 뻗어 허공을 흔들고 있다
아니,
누워 자라는 소나무
온몸으로 사연을 담아 나직이 건넨다
땅바닥으로 흘러가는
먹 듬뿍 먹은 붓이 더디게 써내려간 글씨
애처롭게 건네 보아야 겨우 끝이 보이는 슬픈 그림이다
날개 잃은 새를 위해 누워 있는 거라고
작은 풀꽃들과 춤추려 몸을 낮춘 거라고
객에게 잠시 걸터앉아 쉬어 가라하니
몸 구부려 층층나무 숲 사이로 들어서지 못하는 햇살
깊숙이 불러들이니

누워 있는 나무는 성자다

아니,

푸른 팔 달린 구렁이다.

하늘로 하늘로 오른다.

유리문이 유리문을 열고 들어온다

잘 닦은 유리문에 부딪쳤다
팍 소리가 상처 난 새처럼
바닥에 납작 엎드렸다
넘어지는 비명조차 숨 막히는 내 안엔
사람들이 가로수처럼 서 있다 일제히 차바퀴 굴러가는 소
리를 낸다
이마에 넓게 그린 푸른 멍으로
밖인지 안인지 구별하지 못하는 흐린 눈을
닦지 않으리라고 다짐한다
한 마리 새가 내 눈으로 날아들 때 상처 나지 않기 위해서다
한 마리 새가 내 눈에서 나설 때 아프지 않기 위해서다
유리문이 유리문을 열고 나간다
유리문이 유리문을 열고 들어온다
아무도 넘어지지 않았다.

여름옷을 꺼내며

나와 살 부빈 죄로
큰 벌 내렸다
햇빛도 바람도 없는
낡은 어둠에 가뒀다
얇은 종이처럼
접혀진 기억을 덮고 자는 동안
나는 긴 겨울을 안고
보드카 한 잔에 취했다

나프탈렌 독한 향이 몸을 세운다
등 돌린 한숨이 새 바람을 부른다
구겨진 시간이
아찔한 그리움을 더듬는다
가슴을, 둔부를

감격의 재회다.

아내의 눈물

아내가 운다
왜 우느냐니까
시가 슬퍼서 운단다
시를 읽고 우는 아내

기막힌 슬픔도
밥솥에 눌어붙은 밥알처럼
쇠 수세미로
북북 닦아내던
아내는
울며 안 되는 줄 알았다

셈 모르는 아이의 투정
남편 어깨에 걸친 고단한 하루
웃음으로 덜어주던
아내가 운다
시를 읽고 운다.

사랑 예보

어제는 비가 왔다
오늘은 하늘이 맑다
내일도 모래도
화창할 거란다
요즘은 일기예보가 잘 맞는다

번쩍
마른번개가 친다
그리움을 삼키자니
뜨거운 목울대에
가시 숨이 걸린다
그대 그림자 어디쯤 오고 있는가.

사랑은 감기처럼

내 안에 또 다른 내가 있다
나와 다른 숨을 쉬며
나와 다른 목소리로 말한다
데킬라 한 잔 마시고
뜨거운 목울대에 걸린 가시 숨
흔들흔들 그네를 타고
천 개의 언어 보다 더 깊은
기침을 하며
천년의 잠을 청한다
한 움큼의 쓴 약을
차가운 불빛 속에
던져 주었다
사랑은 감기처럼 왔다
감기처럼 갔다.

왜 사람들은

거뭇한 면발이 얼음물에 뱀처럼 똬리를 틀고 앉아
금세 휘휘 몸을 비틀고 용으로 날아오를 기세다
삶은 계란 반쪽 가늘게 채 썬 배 몇 가닥이
등허리에 떠억 걸터앉아 귀족이나 된 듯 호기를 부린다
노란 겨자가 아릿한 눈물 찔끔 거리며 속을 풀어 놓는다
식초 한 방울이 암울한 현실을 희석시켰노라 으쓱거린다
왜 사람들은 갈비를 뜯고 난 후
온 세상을 쑤시듯 이빨 구석구석을 쑤셔대며
차디찬 면을 기름기 흥건한 제 안으로 끌어당기는 것일까

삶이 냉면처럼 시원하고 맛이 있었으면 좋을 텐데…….

그래, 운명이야

10톤 트럭이 15톤을 실었다고 법에 걸리지는 않는단다
운동화를 하늘에 닿을 듯 가득 실은 트럭이 고속도로에서
뒹굴었다
뉴스는 일제히 자유를 향한 운동화들의 욕망의 무게가 적
정 탑재량을 넘었다고 보도했다
운동화들이 와르르 쏟아져 나왔다
운동화들은 제 멋대로 달려갔다
하얀 운동화는 저 아래 풀밭으로 뛰어갔다
붉은 색 운동화는 가드레일을 넘어 달리는 어느 차 위로 뛰
어 올랐다 아마 목적지와 반대 반향으로 질주할 것이다
검은 운동화는 트럭 몸체에 깔려 사경을 헤맨다
주인도 만나기 전에 자유를 얻은 운동화들의 발자국이
갈팡질팡 갈 길을 찾아 헤매 일 때 나는
빙긋이 웃음 지었다 내 운동화를 찾았기 때문이다

그래, 운명이야
더러는 적절이라는 단어를 뛰어 넘어야
운명을 뒤집는 거야
더러는 운명에서 벗어나야만 다가서는 운명이 있는 거야
운동화들의 자유가 가득한 도로 위에
자신의 신을 찾는 사람들이 일제히 멈춰 있다.

산불

산이 분노의 고함 쩌렁쩌렁 울릴 때
마주 보는 산들이 함께 소리 지르고
붉은 병사들 바람 타고 산맥을 넘어 달려왔다
전쟁이다
겨울 산을 삼키고 마을을 태운 불 바람
패잔병 시커먼 화상 자국 얼마나 쓰리고 아프겠나

날아가지 못한 꿩은 제 날개로 새끼를 감싸 안고
검은 화석이 되어버렸다
고라니 멧돼지 더 많은 산짐승들은 울음조차 태워버렸는데
밤을 새우는 산의 신음 소리 데인 가슴팍 따라 맴돌고
집 잃은 이들은 추위를 안고 연기 속 빈 집터를 눈물 속에
세워보는데
무심한 봄은 검은 산등성이 너머로 기웃거린다.

고독한 눈사람

하늘에서 나는 그리움이었다
하늘을 떠날 때 나는 눈물이었다
착지를 예견 못하는 정처 없는 방황
그 어깨 위에
흰 눈으로 내려앉았다

10월 즈음에

숲을 지나가는 여름이 풀잎을 밟으면
솨아 솨아 소리를 내요
발자국은 시든 상추 같이 풀이 죽었어요
푸른 계절로 누어있던 자리엔 마른 웃음 스치다가
문득 뒷걸음치는 하얗게 바랜 어깨를 접어요
풀잎에 그림을 그려주어요
여름으로 표백하고 헐뜯긴 살갗에 가을꽃을 그려주세요
우수수 기억 떨어뜨린 나무를 그려주어요
한 해의 가장 자리를 만나면 한 해의 가장자리를 잘라내어
바람 붓 헹궈 물기거둔 산 그려요
그림자 벗은 새 날아가네요 발자국 소리도 없이
10월 즈음에.

하늘 강 흔드는 목어

내 안에 나무가 자란다
등줄기에 뻐근한 뿌리를 내리고
몸 구석구석으로 뻗어 내려간다
나는 나무의 외침으로 깨어나고
나무의 기지개로 저린 하루를 연다
몸 흔드는 가지들 사이로 시퍼런 바람 매 휘몰아치면
통증의 무게를 붉은 꽃으로 뿜어내
상처가 상처를 안고 가는 하루
해 그림자 몸 접는 저녁이면
어깨 죽지에 돋아나 푸른 잎들을 재우느라
길 떠난 바람을 부른다

스승의 가르침을 어겼던가 죽어서 물고기가 된 어떤 이의
등에서 자라던 나무
그 나무를 지고 세상 물길 헤치느라 슬픈 그림자가
목어(木魚)되어 하늘 강 흔든다
내 안에 나무를 흔든다.

*사찰에 전해지는 이야기로는 옛날 한 승려가 스승의 가르침을 어기고 옳지 못한 행동을 하다가 죽었다. 그 승려는 곧바로 물고기의 과보를 받았는데, 등에는 나무가 한 그루 나서 풍랑이 칠 때마다 나무가 흔들려 피를 흘리는 고통을 당하곤 하였다. 마침 그 스승이 배를 타고 바다를 건너다가 물고기로 화현한 제자가 고통을 받는 모습을 보고 수륙재(水陸齋)를 베풀어 물고기를 해탈하게 하였다. 물고기는 지난날의 잘못을 뉘우치며 등에 있는 나무를 고기 모양으로 만들어 모든 사람들이 경각심을 불러일으키도록 했다고 한다.

고독한 눈사람

하늘에서 나는 그리움이었다
하늘을 떠날 때 나는 눈물이었다
착지를 예견 못하는 정처 없는 방황
그 어깨 위에
흰 눈으로 내려앉았다
한 아이는 나를 둥글게 빚어
눈사람이라고 불러주었다
한 아이는 창조의 기쁨을 두고
싸늘한 망각 속으로 사라졌다
밤이 펑펑 내렸다
어둠과 하나 되지 못한 나는
고독의 옷을 펄럭이며
하얀 침묵으로 존재했다
하루가 가고 이틀이 왔다
숨구멍 송골송골 녹아내리는
뼈마디가 창백했다

나는 현기증에 주저앉았다

그때는 몰랐다

차가운 고독의 옷이 나를 지탱하는 힘이었다

텅 빈 쓸쓸함이 나를 일으키는 희망이었다

그 겨울에 홀로 서서

나는 기억이 되었다

낡은 시간 무너진 자국마다

오소소 봄이 돋는다.

가을 연습

비틀거리며 걸어오는 그림자
무덤에 가서도 앓는다는 홍역이다
붉은 열꽃 노란 현기증
싸늘한 목덜미에 나비처럼 팔딱거린다
채워도 다시 비워지는 그대

달려가는 해 멈칫거리고
떠나지 못한 계절이
가재즙* 먹인 아이와 뒷걸음 친다
텅 빈 하늘이 우수수 하늘을 떨구고
나는 서툰 언어로
그대를 비운다.

*뒷걸음질 잘하는 가재의 특성으로 가재의 생즙을 먹으면 홍역의 높은 열이나 발진도 뒷걸음질 할 것이라는 원시적인 발상에서 비롯됐다고 볼 수 있으나 의학계의 견해는 아무런 도움도 주지 못한다는 것이다.

선암사로 가라

눈물이 나면 기차를 타고
선암사로 가라하여
정거장마다 한 움큼씩 가을을 쏟아내는
무궁화 열차에 11월을 싣고 떠났다
선암사로 밟는 길엔 황금빛 은행나무
하늘을 훔친다
신선교를 스치면 신선이 되려나
피안의 세계를 나를까 하여
기우러진 어깨에 하나 뿐인 날개를 펄럭인다
기우뚱 바람을 손짓하는 늙은 계절이여

선암사 해우소에 쭈크리고 앉아
내 안에 나를 울음으로 쏟아낸다
다시 채우려고 비우고
다시 떠나려고 허리춤 여미며
눈감은 목어를 내 안으로 당긴다

사방을 둘러보아도 보이지 않는 등 굽은 소나무
나무를 찾으려 눈을 든다
아, 하늘가 심어진 소나무 한 그루
하늘을 이고 등이 굽었구나
내려놓았으면 될 것을.

*정호승 시 '선암사' 인용

줄무늬 가을을 꺼냈다

슬며시
창을 반쯤 닫았다
방안 가득 밀려들어왔던 하늘이 반쯤 접힌 채
내 어깨 위에 얹힌다

하늘 반쯤
떠나는 이도 반쯤 개켜 서랍에 넣으며
9월을 꺼낸다
하늘 바탕에 바람 줄무늬 가을이
창밖으로 날아가
반쯤 접힌 나뭇잎 가슴으로 들어선다
바스락 바스락
접혀진 나뭇잎들이
줄무늬 가을 옷을 갈아입는 소리다.

가을 여행

길
꽃 필 때 환한 길
꽃 지고 잎 떨어진 길
꽃고무신 신고 간다
길은 저만치서
길 따라
달려가고

칠불사 명상의 길
바람 밟고 가는 시간
가을이 스치는 나무엔
붉은 꽃
노란 웃음
아찔하다

피아골 골짜기를 지나며
몸이 가벼워졌다
더 높이 올라
세상을 본다
한 철 꽃피고 지는 숲 속에
이름 모를 들꽃으로 피어나고,
시퍼런 울음 계곡 물 되어
아득한 시간 속으로 달려간다

태안사 능파각
한 줄기 바람어깨에 기댄 나뭇잎
숲길을 간다
낙엽 차이는 계곡 물소리
능파각을 지난다
세속의 번뇌를 던져버리려는가

귀향열차

설렘으로 채워졌던 가방에
다시 채워 넣은 건
가을 그리고……
돌아갈 내 집.

철새들이 떠난 강가

돌개바람 속 철새들이
추락해도
아무도 죽음을 애도하지 않는다
가던 길을 멈추지도 않는다
철새들이 떠난 그 강가에서
우리는 산다
떠나지 못하고 산다
무리에서 이탈한 날개 다친 새처럼
날지 못하고 산다

마법에 걸려 하늘로 가지 못하는 별
바위취처럼
눈물 꽃 피우고 산다
바람에 실려 간 기억은 다시 돌아오지 않았다.

흔들거리는 바람 어깨

등허리에 머문
햇살 웃음
넌지시 한 손 내민다
허기진 갈증보다
추억이 진한
내 푸른 잎들 사이로
9월이 왔다
얄팍한 속내 드러낸
햇살의 손을 잡으려
흔들리는 바람 어깨에
물기거둔 그림자를 얹는다
가벼워진 9월이
새되어 날아간다.

낙엽 밟는 소리

*시몬 너는 좋으냐 낙엽 밟는 소리가
나는 낙엽을 밟지 못했지
대신 밟아주는 바퀴가 드륵드륵 표정 없는 소리로 지나갈 때마다
가슴 바스러지는 소리가 낙엽을 닮아서
발바닥에서 머리끝까지 전율처럼 찌릿하게 이어지던
가을 발자국을 잃어버린 지가

물기 거둔 계절을 밟지 않을래
무거운 쇠바퀴에 밟혀 다시는 소생할 것 같지 않게 눌려버린 잎사귀들
울지 않게 그래도 숨 쉴 수 있게 그냥 지나쳐버릴 거야
낙엽이 영혼처럼 울다 사그라지라고
바람결에 빈 발자국 얹어 그냥 지나칠 거야
저만치서 설핏한 햇살 혼자
해진 옷자락 같은 파삭한 웃음 밟고 가는.

*구르몽의 시 낙엽 인용

내 청춘이 떠났다고요

가을이 떠났다고요
차가움을 견딜 만큼 깊어진 거예요
바스락 소리 내는 나뭇잎 몇 장 품고 있잖아요
잎을 떨어뜨려도 봄눈을 키우고 있는 나무는
어제를 보내지 않은 거예요
지난 계절을 품고 점점 깊어지는 거예요
깊음이 차오르면 얼음 강 갈라지듯이 쨍강쨍강 소리내며
봄을 부르는 거라고요
슬픔이 차오르면 눈물 알갱이들이 산산이 흩어져
다시 올 기쁨을 부르는 거라고요
내 청춘이 떠났다고요
아직도 그대 생각 푸른 불 켜면 가슴이 뛰어가는데
가슴 속에 그대 발자국 걸어가면 저린 통증이 번지는데
떠난 것이 아니라 참을 수 있을 만큼 더 깊어진 내 청춘도
뿌리 깊을수록 아픔으로 자라는 나무처럼
차가움을 견디고 서 있는 거라고요.

가을이 걸어간다

가을의 발자국은
힘이 센가봅니다
발길에
채이던 낙엽이 산산히
부서져 바람 되어 흩어집니다

채 지워지지 못한 기억의 부스러기들이
바스락 소리로 거리를 걸으면서
그리움을 여밉니다

슬픔이
얇은 옷을 입고
가을 속으로 걸어갑니다.

가을 비

1.
우산 없이 길을 나섰다가
가을비를 만났다
달려가지 않았다 뒤돌아보지도 않았다
그저 빗속으로 천천히 들어섰다
빗물은 스며들지 못하고
내 가슴 팍 근처에서 방울방울 맴돌았다
그때 나는 알았다
평생을 방수가 된 옷을 입고 살아온 가슴이
지독한 가뭄으로 바싹하게 말라 있음을

2.
횡단보도 앞에 서 길 건너편을 본다
저기 고장 난 지퍼달린 심장이 떠다니다
비를 흠뻑 맞고 있다
아직 유효기간 지나지 않은 사랑의 언어들이

낙엽비로 내린다
어제의 노인이 오늘의 어린 아이가 되어
붉은 비를 맞고 있다
샛노란 현기증이 우수수 쏟아진다

3.
가을비를 맞으며
가을을 가고 있다
전방의 신호등이 녹색으로 바뀌면
마주 오는 직진차량이 있는지 없는지 확인한다.
계절과 계절 사이
비보호 좌회전
목적지는 겨울이다.

소금별

그곳은 아주 먼 곳인가요

어머니가 성지순례를 갔다 오실 때
소금 한 덩어리를 가져왔어요
롯의 아내가 뒤를 돌아보아
소금기둥이 되었다는 곳에서 가져온 소금은
뒤를 돌아다보는 여인을 닮은 듯 했습니다
하지만 얼마큼 그 소금 돌을 잊고 있다가 찾아보니
흔적도 없이 녹아 버렸어요
아, 그때 후회를 했죠. 냉동실에 넣어둘 걸…

소금별에 사는 이들은 눈물을 흘리지 않나요
스스로 녹아내리지 않기 위해서 눈물도 감추고
더 많이 반짝거려야 하는 소금별 사람들처럼
나는 오늘 눈물도 서러움도 감추고 더 많이 깜빡 거렸습니
다.
또한 차가움으로 나를 감싸는 이유도
녹아내리지 않기 위한

흔적도 없이 사라져 버리는 실체를 지키기 위한
안타까움 몸짓이었음을…

어느 봄날
나는 이 세상 꽃향기를 따라 왔어요.
아름다운 곳인 줄만 알고...
이곳이 어쩔 수 없는 미련 때문에 뒤를 돌아다보아
소금 기둥으로 변할 수 밖 없는,
흔적도 없이 녹아져 내리는 실체를 지키기 위한
끝없는 투쟁의 길임을
예견하지 못했습니다.
하지만 눈물을 흘리지 않는다면
쉽게 자신을 뜨거운 열기 속으로 밀어 넣지 않는다면
모든 이들에게 반짝이는 빛을 주며
아름다운 한 세상을 살 수 있다 하더군요.

희미해질수록 더 가벼워진 기억

가을을 건너가는 발자국
낙엽의 등허리를 밟고 가네.
희미해질수록 더 가벼워진 기억이
시간 위에 쌓이고
그리움을 그리는 화가는
바스라진 웃음으로 나를 부르네
가을 숲을 거닐다
그대를 만나고
다시 그대를 보내고
등허리에 얹힌 추억을 밟고.

갈색 기억

톡!
바싹하게 마른 프라다나스 잎 하나
발 앞에 떨어진다
한 해를 살아 온 무게
갈색 소리다
내 왼쪽 눈에 계속 눈물이 흐른다
그 지독한 계절을
울고 웃고 보낸 만큼의 아쉬움인가
갈색 기억은 갈색 강이 되어 하늘로 흐르고
소리는 바람으로 강물을 걸어간다
내 바른쪽 눈이 웃고 있다.

가을을 밟고 가는 맨발의 그림자

가을을 그린다
나무들의 한 해 살이 그 붉은 아픔을
그 노란 현기증을 만나고 가는
모든 것을 잊고 떠나야 하는 길 그 알싸한 아픔을
저린 체온으로 보내고 싶다
물기 거둔 캔버스에 마른 붓으로 그려보는 서늘한 풍경
자꾸 눈물이 난다
가을을 밟고 가는 맨발의 그림자
하나.

겨울 강가에서

겨울 강가에 마른 장작 한 더미
불을 지폈다
붉은 치마폭 무희
황홀한 유혹이다
시간의 조각을 안고 탁탁 푸득
부서진다
펄펄 미친 너울춤이다

붉은 뱀이 날름 날름 바람을 핥는다
몸을 태우고서야 비로소 맛 볼 수 있는
바람의 시린 맛
자욱한 물안개는
길게 누운 얼음 강을 태우고 흩어지는
하늘 발자국

데인 가슴 한 가운데 빠르게 스쳐가는

기억 저편이
불꽃으로 피어나는 겨울 강가
탁탁 푸득
시간은 스치는 바람에 깨어나는
계절의 꽃인가.

겨울을 보내며

*못 잊을 사람과 한계령쯤을 넘다가
뜻밖에 폭설을 만나지 못했다고
차마 못 떠나겠다면
어쩌지요

서랍 속에 숨겨둔 봄꽃씨앗들
몸 들썩일 때까지
새벽녘 따스한 이불 속에서
머뭇거리면 어쩌지요

계절을 품고 살아가지만
이별은 늘 문 앞에 서성이고
등 떠밀어 보내고 싶은
이 겨울도
다시 그리워지겠지요
내 젊은 손목시계의

째깍거리는 초침秒針으로
목쉰 소리로 녹아내리는 눈사람처럼
흔적 없는 시간들

겨울을 보내며.

*못 잊을 사람과 한계령쯤을 넘다가

뜻밖에 폭설을~

문정희 시인의 '한계령을 위한 연가' 중 인용

노을이 내린 정거장

시간을 놓쳤다
종각에서 내린다는 게
그만 종로 3가에서 내렸다
뭔가를 골돌하게 생각 한 것도 같고
아득한 꿈길로 한 발 들여놓은 것 같기도 하다

검버섯 숭숭한 노인들 가득한 대합실엔
혈기 사그라진 저녁 해가 기웃거리고
반쯤 비운 소주잔엔 취기 반 세월 반이다
간혹 여기저기 남아있는 불씨들이
불길을 살려보려고 훽 바람결에 몸을 던져 보지만
다시 주저앉고 마는 서글픈 몸짓들이
매캐한 연기로 자욱하게 깔려 있다
오래 된 기사 두껍게 쌓인
신문지 조각을 덮고 뒤척이는 시간이
깜박 졸고 있다가 한 손 쑥 내민다

아니예요,

잘 못 내렸어요

돌아가야해요

펄쩍 뛰며 손을 흔드는데

다음 정거장일 뿐인데 뭘~

노을 내린 정거장에

음흉한 시간이 껄껄거린다.

12월

하룻밤 자고 났는데
마른 나뭇가지 끝에 걸렸던
붉은 잎 하나
보이지 않는다

계절의 등 뒤로
얇은 햇살이 따르고
기대선 바람도
몸 털고 일어서는데

다시 선
12월 앞에서
나이테로 접히는
시간이
바스락 소리를 내는…….

그리움

목줄을 맨 건 나였어
너의 천진한 눈빛에 매어
줄줄 따라 다니다가 네 웃음 밟고 넘어지
기도 하고
벌러덩 누워 같이 하늘 보다가
뒤 돌아보니 나도 꼬리가 있더라

그리움 1
나무 뒤에 숨은 추억

나무 뒤에 숨어 있는 너를 만났다
집으로 들어가기 싫어서 버티는 중이다
이게 뭐야 저건 뭐지
킁킁킁 대며 하루 종일 놀고 싶은 마음
쭈크러진 양미간을 더 찡그리고 뭉툭한 입이 더 시무룩하다
내가 돌아서 가면 발걸음에 돌이라도 매단 듯이 느리게
따르다가
간식! 소리에 갑자기 뛰기 시작한다

지금 넌 꽃밭에 잠들어 있다
좋은 꿈을 꾸는지 코 고는 소리까지 들린다
매일 꽃들과 새들과 노느라 들어올 생각을 안 한다

돌아보아도 따라올 기미가 보이지 않는다
좋아하는 오리고기 간식을 들고 있어도
우유 껌을 보여주어도 꼼짝도 안 한다
기집애 바깥바람 쏘이더니 고집만 세졌네.

그리움 2

눈이 펑펑 내리는 날엔
울 쫑이 눈벌판을 신나게 뛸 텐데
방울토마토 먹으면서도
울 쫑이가 젤 좋아하는 건데
시퍼렇게 추운 날엔
울 쫑이 잘 갔다 하늘나라는 춥지 않을 테니까
봄꽃 세상 속에
울 쫑이 꽃잎 밟고 산보할 텐데

언니와 나는 자꾸 쫑이 이야기만 한다
울 쫑이 하늘나라에서 귀 가렵겠다.

그리움 3

너 때문에 웃었는데
너를 잃고도 웃었다
잃어버린 것들이 바람 되어 내 빈 주머니를 흔든다
한 잎 동전처럼
너는 짤랑짤랑 소리 내며 주머니 이리저리
부딪히느라 목이 쉬었다
지독한 감기를 앓고 나도 목이 쉬었다
다시는 볼 수 없는 너를 생각하며 밤새 기침을 했다
목울대 밑에 고이는 아린 슬픔을 재우려 일어나 달을 보며
밤새 늑대처럼 컹컹댔다
여전히 기침하는 네가
목 쉰 소리로 꼬리를 흔든다
내가 이렇게 힘 드는데 너도 힘들었겠구나
달빛도 흔들린다.

그리움 4
추억 속에 사는 너

목줄을 맨 건 나였어
너의 천진한 눈빛에 매어
줄줄 따라 다니다가 네 웃음 밟고 넘어지기도 하고
벌러덩 누워 같이 하늘 보다가
뒤 돌아보니 나도 꼬리가 있더라
네가 내게 걸친 따뜻한 무게가 좋아서
바람의 태엽을 뒤로 감아버렸어
그래도 넌 시간 뒤로 숨어버렸지
추억으로 들추어내야만 목청 돋우어 짖어대고
그림자를 쓰다듬어야 꼬리를 흔드는
작은 유골함 속 너는 뒷발질로 어제를 지우고
안개 자욱한 꿈을 꾸네.

그리움 5
쿠폰 18장

한 장 한 장 정성껏 모았는데
18장만 모아놓고 우리 쫑이 떠나갔네
나쁜 기집애 조금 더 있다 가면 간식 하나 공짜로 얻는 건데
하늘나라에 더 맛난 것이 가득했나보네
남은 껌이며 간식을 모아 친구에게 주면서 쿠폰 18장도 주었다
20장 채우면 간식 하나 더 준대

나는 늘 쿠폰을 모으고 있지
삶의 기쁨 하나 덤으로 얻으려고
20장 100장 채우려고
하루 하루 열심히 달력에 밑줄 치면서 희망을 모으고 있어.

그리움 6
이삿짐 사다리 하늘 닿겠다

이삿짐 사다리 어찌나 높은지
하늘 닿겠다
삶의 크고 작은 보따리들
오르고 내린다
한 뼘만큼만
한 뼘만큼만 더 높이 오르면
너에게 닿을 텐데
내 눈물 올리고 그리움도 올리고
무지개 된 너는
바람 걸음으로 달려 올텐데.

그리움 7
기침 소리

나는 인간의 말을 하지 못하고
15년을 살았다
일찍이 어미 품을 떠난 날 밤엔 가장 슬픈 말을 토해냈지만
아무도 귀담아 듣지 않았다
물건처럼 주인이 바뀌는 아픔도 그리움도
침묵 속에 넣어두란다
먹이를 얻기 위해서 사랑을 얻기 위해서
손을 달라면서 손을 주고 몸을 흔들라면 몸을 흔들었다
말을 재우고 장남감이 되는 몸짓에 그들은 그저 웃었지만
자신들의 편안함을 위해 종족번식의 본능적 욕구마저 일찍이 자르고
그들은 또 웃었지만

폭포수처럼 쏟아지는 말을 뱉어내느라
잠을 던져버리고
먼저 세상 밖으로 나가겠다는 소리들을 달래느라
숨을 헐떡이면서
가장 깊은 가슴 속에 재워둔 슬픈 구절을 끌어내고 있다
나는 생의 끄트머리쯤에서 말을 얻는 대신 통증을 택했다
설혹 이것이 나의 마지막 말이 될 지라도
내 한 생애 못 다한 한恨과 사랑을 전하는 거라고.

* 15살 반려견 쫑이가 밤새워 기침을 한다. 심장이 나쁘단다. 저도 못 자고 나도 못자고.
나는 기침 소리에 가득 채워진 쫑이의 말을 듣고 있다. 아, 그랬구나. 그랬었구나.

※나는 잘 웃지 않는 사람이었다. 사진을 찍으면 슬퍼 보이고 어두워 보인다고들 했다. 그러나 쫑이와 15년을 살면서 웃는 방법을 익혔다. 쫑이는 귀엽고 천진한 몸짓으로 나를 웃을 수 있는 사람으로 변화시켜주었다.
너는 내 곁에 없는데, 웃음에 익숙해진 나는 오늘도 활짝 웃었다.

쫑이야 고마워.

슬픔을 길들이다

강아지는 아침이면 현관 앞에 서 있다.
산책 나갈 시간을 알고 있다
밥을 다 먹으면 내 앞에 와서 소리를 지른다
껌 주세요
강아지는 시간에 길들여져 있기 때문이다

서러운 세상 서럽지 않게 살려했다
그러나 매번 그가 떠난 계절에
그가 돌아오겠다는 약속 앞에서 울음을 터트린다
그 슬픔과 나의 약속이 만나는 시간이기 때문이다
그러다가 다시 가슴 밑바닥으로 흐르는 울음을 재우고 돌
아서는
내 그림자를 본다
아, 슬픔도 길들여지는 구나.

친구야

친구는 후두암으로 성대를 잃었다
전에
술 한 잔 마시면
여기저기 전화를 해서
쓸데없는 이야기를 해서 친구들이 싫어했다
그때는 몰랐다
어느 날 쯤에
말을 하지 못할까봐
미리 말을 많이 해두려는 것을
친구야!
친구야!!
친구야!!!
자꾸 불렀던 것을.

가슴 속에 그리움 하나 묻어

가지 끝에 빨갛게 익은 자두 한 알 남아 있다
장대로 휘휘 저어 몽땅 털어냈는데
끝까지 남겠다는 고집은 무슨 까닭인가
혀끝에 남는 달콤한 맛보다
한 알의 씨앗으로 남아보고 싶다는

가슴 속에 그리움 하나 묻어
나무로 살고 싶다는
너는 그렇게 씨앗으로 왔다
작은 언어에 담긴 푸름은 하늘에 걸어놓고
날마다 발돋움하며 내 안에 너는 자란다
가지가 어깨를 일으켜 세울 때마다
뻐근한 통증 수액으로 흐르고
사방으로 몸 터는 빗줄기 따라 젖어오는 울음
반쯤의 눈물로
반쯤의 웃음으로

반쯤의 그리움으로
내 안에 너는 천 송이 붉은 꽃 피운다.

운명의 방문객

어느 해 가을
우산 없이 비를 맞으며
내일 입을 옷을 찾기 위해서
양장점으로 달려갔다
그날 밤 나는 치떠는 고열 속에서
현재를 잃어버렸다
그날 찾은 빛깔 고운 옷은 걸쳐보지도 못했다
젖은 기억 속에 잠가버렸다

비는 하늘에서 내려온 방문객
처음에 그는 눈물이었고
하늘로 올라가 회색 구름이 되었고
슬픔의 무게를 덜어내려
곤두박질해 땅에 부딪히는 순간
푸른 멍 안고 나를 적시는 것이다
나는 그를 잡을 수 없고

그도 내 곁에 영원히 머물 수 없다
인연은 세상 강으로 이어지고
다시 안개꽃으로 하늘 강가에 핀다

나를 적신 비는
과거를 삼키고 현재를 놓쳐버리고
낯선 미래로 가기 위한
운명이었다
나는 방문객을 밀쳐내지도 못했다
피할 수 없는 나의 손님이었기에

다시 입지 못한 한 벌 옷
그 습기를 안고 오는
비가 내리는 것은
*실은 어마 어마한 일이다.

* 정현종의 '방문객' 인용

바위취의 눈물

장난꾸러기 요정이 하늘의 별을 따다가 돌 틈에 몰래 숨겨 놓았어요
하늘로 다시 돌아가고 싶은 별들이 날개를 달고 날아오르려 해도 날 수 없어 돌 틈에 숨어 핀 하얀 꽃
꽃잎 베개 밑에 두고 자면 꿈속에서 미래의 낭군을 보여준대요 아이를 가지고 싶은 여인이 맨발로 숲속을 걷다가 꽃을 밟으면 아이가 생긴대요 모두 별의 선물이지요
밤 지나고 눈물로 아침을 깨우다가 이슬처럼 사라져버린 꽃
오늘 밤 밤하늘에 별이 반짝이는 건 마법이 풀려 하늘로 날아간
바위취의 그리운 눈빛 때문이래요.

꽃도 감기에 걸리나요

철쭉이 활짝 핀 동산엔
꽃 같은 사람들 사람 같은 꽃들이
가득 폈다
누가 꽃인지 누가 사람인지 모르겠다
봄날 저녁 바람은 순하지 않았다

꽃잎이 파랗게 질려도
꽃잎이 부들부들 떨어도
겉옷 벗은 꽃잎
꽃도 감기에 걸리나요
사람들은 꽃들에게 감기를 옮겨주고
꽃은 사람 따라 기침을 한다
나도 꽃 따라 기침을 한다
목울대에 가득 찬 꽃향기
뱉어내는 봄에 취해
밤이 깊어 가는 줄도 모르겠다.

마음을 읽는 안경

수 만 가닥의 뇌파를 연구하는
과학자 친구가 안경을 선물했다
안경을 쓰니 한밤처럼 사방 어두운데
불 켜진 그 사람 마음만 보이더라

요즘 눈이 더 나빠진 나는
흐릿한 시야 눈 찡그려도 뚜렷이 보이지 않아
그의 깊은 눈매 속 슬픔도
두터운 겉옷 속 휘휘 감겨있는 진한 외로움도
횡단보도 건너는 빠른 발걸음 따라
시간 바람이 뒷걸음 걷고 있는 것도
주머니 속 구겨 넣은 자존심들이
눈 내리깔고 거친 숨을 내쉬는 것도
몰랐다
내가… 그 안에 서성이는 것도…

안경 벗으니

그 사람도

나도 보이지 않고

빈 웃음소리만 허공에 매달려

하늘빛 흔들더라.

산세베리아 꽃 피우다

초록 사다리 세워
하늘 길
찬찬히 오른다
하얀 별빛 자옥하게 내려 앉아
허공을 흔드니

눈가에 얹힌
녹두색 눈물방울
한 줌 손에 쥐고 부비면
아찔한 향기
깊은 숨 내 쉰다

너의 시간과 영원히 함께 하고 싶다
향기를 스캔해서 기억으로 보낸다.

별 거 아니다

초밥을 사기 위해서 30분을 기다렸다
내가 너무 일찍 갔거나
주인이 게으름을 부렸거나 해서다
얇게 저민 생선 옷을 걸친 초밥은 겨자소스를 가슴에 품고
부끄럽게 몸을 흔든다
걸친 옷이 너무 얇았거나
가슴에 품은 사연이
너무 화끈해서이거나 했을 것이다
나는 초밥 여덟 개를 먹었다 배가 부르다
80순의 언니는 두 개를 남겼다 그래도 배가 부르단다
삶은 그런 차이다
별 거 아니다.

푸른 미소

풍경이 담긴 호숫가
나룻배 한 척 머물고
그대는 사공인가
배 삯을 물으니
그저……
푸른 미소 한 번이면 된다네.

과학자가 이야기 하는 시

먼지에 대하여

서경선 (유전공학박사)

설리 작가가 주제로 삼은 슬픔과 먼지들을 읽으며 생각나는 것이 있다. 젊은 시절에 나 딴엔 지성인이 되고 싶어 나의 존재와 우주의 연결성을 가지고 홀로 두뇌 세포를 자극 시켜 본 시간들이 있었다. 나의 존재는 어떻게 만들어져야했고 그 존재를 지탱하게 만들고 있는 나의 육체는 어떠한 것일까? 궁금하였기 때문이다. 설리 작가가 이야기하는 '삶의 조각의' 원천은 무엇일까? 라는 질문에 대한 것이었다.

설리 작가가 이야기하고 있는 먼지는 우리가 평소에 이야기하는 먼지이고 이 먼지는 여러 종류의 먼지 중에 하나이다. 영어로 말하고 있는 우주의 먼지(cosmic dust)도 있으며 게으름이 허가하여 생산되어지는 침대 밑에나 방구석에 뭉쳐있는 먼지들도 있다. 그러나 거대한 우주의 먼지와 자그마한 방구석의 먼지 사이에도 공통점이 주어져있다는 것이다. 짧게 이야기하자면 이 둘은 눈에 잘 보이지 않는 자그마한 것이고 가벼운 이유로 어느 곳에서도 나타나며 잘 합쳐지는 특성 있는 것이다. 이러한 특징이 과학과 문학의 공통점을 만들어 주는 것일까?

우선 '햇살 눈 부셔서 눈썹사이를 찌푸리며…' 이 부분은 나에게 먼지에 대한 과학적인 정의와 설리 작가의 먼지에 대한 문학 표현의 만남이 되지 않을까 싶다. 가정(假定)하자면, 햇살을 태양의 먼지로 보자. 먼지란 어떠한 고체에서 떨어져 나오는 조그마한 잔해로 볼 수 있다는 이야기가 되는 것이다. 바로 설리 작가가 이야기하는 '잘게 부서진 삶의 조각들…' 얼마나 과학적인 표현이냐! 그리고 먼지가 눈으로 침범을 하였을 땐 자연히 찌푸리게 되기 마련 아닌가? 태양의 잔해가 눈으로 들어오니 자연 찌푸릴 수밖에. 작가 설리는 과학자? 나 같은 과학자는 당연히 설리 작가의 표현 속에서 문학과 과학의 만남의 모임을 가지고 흥미의 대화를 나누게 되는 것이다.

더 나아가서 우주의 먼지(cosmic dust) 모임을 이야기해 보자. 우리 자신들은 우리가 알고 있는 우주가 창조되는 순간에 남아있는 '먼지'가 모여 만들어 진 것이다. 제일 단순한 헬륨(helium)란 원자의 변화가 시작되어 복잡화된 단질, 유전인자 (DNA), 그리고 많이 변화된 원자로 만들어진 모임들을 지니고 있는 것이 우리다. 아마도 성경에서 '먼지로 시작해서 먼지로 끝나기 시작하면 모든 것이 원형으로 돌아온다. -창세기 3:19 (you start as dust and end as dust… everything comes full circle' 말이며 다른 종교에서 말하고 있는 윤회설과 우주는 바로 내 자신이란 뜻이 발상된 것이 아닐까?

어떻든, 더욱 중요한 것은 모아지고 합쳐지는 것이다. 우리의 몸 자체도 우주의 먼지 모임이다. 즉, 우주 먼지의 응고체로 만들어진 것이 우리들이다. 우주 창조 시에 먼지들이 모여 행성이 만들어지고 나머지 우주의 먼지들은 지금까지도 이 지구를 둘러싸고 우리들을 만들고 있다. 그리고 부서지고, 보여 지는 방구석의 먼지도 부서진 채로는 잘 보이지 않고 오직 서로 합쳐진 후에 우리 눈에 띈다. 물론 인력이란 합침의 동기물이 있지만 우리가 이야기하고 있는 먼지의 모임은 전기충전의 이유가 많다. 서로가 달리하고 있는 양극과 음극이 서로 합작된 모임이 되는 것이다.

이러한 먼지들은 우리들에게 많은 생각을 하게끔 만들 수 있다. 설리 작가에겐 한 권의 시집을 출판하게 만들었고 나에겐 젊은 시절로 돌아가는 길을 만들었다. 보이지 않았던 먼지가 책 한권을 만드는 숨겨진 힘이 있는 것인가? 그리고 가볍다는 이 자체는 언제든지 어떠한 변화에 따라 같이 흘러가게 되는 특징이 있다. 이 시집에서 말하듯이 떠돌아다니게 되는 이유는 그 먼지를 싸고 있는 공기의 흐름이 그 먼지들을 이동시킨다. 아무 변함이 없을 때는 그저 그 모양 그대로 움직이지 않는 한 물체가 된 것이다. 우리의 마음도 그런 것이 아닐까? 외로이 홀로 조용히 있다가 환경의 변함으로 인하여 움직이기 시작한다. 먼지가 바람의 흔들림을 따라가 듯 우리의 마음도 우리의 주어진 환경 즉 상대방의 마음에 따라 움직임이 있는 것이다.

내가 좋아하는 어느 종교의 현명한 철학의 표현이다. '심지는 원래 요란함이 없건마는 경계를 따라 있어지나니….' 그렇다면 이 분도 설리 작가의 먼지에 대한 시를 먼저 느끼셨던가? 설리 작가의 관찰력이 얼마나 의미 있는 철학인지 느낄 수 있지 않을까 싶다. 떠돌이 먼지에 관한 관찰력! 목적 없이 그저 환경의 흐름을 따라 다니는 먼지들. 목적 없이 환경에 따라 덩달아 흘러 다닐 수 있는 우리들 삶을 연상시켜 주려는 것일까?

왜 설리작가는 '…슬픔도 먼지였다'는 표현을 했을까 궁

금하다. 슬픔으로 힘들어진 삶에 밝은 마음으로 도전하여 훌륭한 승리를 거두지만 항상 슬픔은 우리와 헤어 질 수없는 관계를 뜻한다고 느꼈기 때문일까? 이 세상에서 없어지지 않는 먼지의 존재를 인정하듯이 슬픔도 마찬가지라고 말하고 있는 것이다. 즉, 인간의 슬픔은 감정의 기초라는 것을 알리고 있는 구절이다. 슬픔, 두려움, 혐오, 분노, 놀라움, 그리고 행복(sadness, fear, disgust, anger, surprise, and happiness)으로,

혹은 기쁨과 슬픔, 분노와 두려움, 신뢰와 불신, 같은 이분 적 단계로 나누고 있다. 그래서 슬픔은 인간의 기본적인 감정의 하나다.

인간 행동심리학(Human behavioral psychology)에선 인간의 상호거래에 슬픔의 필요성을 주장하는 것처럼, 슬픔은 진화설로 봐서도 필요한 것이다. 결국 감정의 기본에 속하는 슬픔은 우리의 판단력을 좀 더 자세하고 세심한 사고방식으로 만들어 상호간의 우대를 권장하여 주는 매개체라고도 볼 수 있다. 슬픔이 있을 때는 두뇌의 기억력에 쓰이는 부분과 감정을 느끼는 부분들이 열심히 작동되기도 한다.

먼지가 손짓 바람 따라 비행을 하듯 슬픔은 시간의 지우개에 지워지기도 하고, 그러다가 기억의 낚싯대에 걸려 가끔 구시렁거린다. 아마도 그 움직임이 우리 두뇌 기억과 감정의 영역들 세포사이에 나타나는 커뮤니케이션일 수도 있지 않나.

설리작가는 두뇌 전공을 한 적이 없다고 우겨대지만 이런 시집을 읽는 나는 '믿거나 말거나' 궁지에 빠진다. 설리의 글들이 두뇌를 전공했다는 나에게 슬픔을 주기도하기 때문이다.

그런 반면에 설리의 뚜렷한 관찰력들은 설리와의 우정을 꼭꼭 다져 담고 가는 나에겐 또 한 번의 가르침을 주는 현실이기에 자부심을 갖게 되며 한편 자랑스럽다. 설리 작가가 나의 친구이기에 슬픔의 반대어이지만 동의어일 수도 있는 기쁨이 만들어지기 때문이다.

서경선 박사

미국 콜럼비아대학, 코넬대학, 록펠러 대학원에서 유전공학 전공, 두뇌발달, 노화방지, 뇌세포 재생 연구를 하였고 조지타운 대학에서 생명공학 강의,

한국에서는 노화현상을 역류시키는 연구를 하는 Regeron이란 회사 이사(Board Chairman) 으로 있고 Georgetown University 에서 특강을 하며 한국, 홍콩, 아이랜드에 있는 대학들과 연구소 교수진의 두뇌에 연관된 business development 를 도와주고 있다.